Hola, soy Roberto.

¿Tu nombre es ...? ------------------

El abuelito ha cambiado

Pam Pollack y Meg Belviso
Ilustraciones: Marta Fàbrega

BARRON'S

¿QUÉ SIGNIFICA ALZHEIMER?

Hoy es sábado y como todas las semanas vamos a visitar al abuelito a su casa. Hace algunos días mamá nos explicó que el abuelito sufría una enfermedad que se llama Alzheimer. También nos dijo que él quiere continuar viviendo en su casa, pero quizás más adelante vendrá a vivir con nosotros. Y como todos queremos ayudarlo, vamos a aprender sobre su enfermedad.

TIENE QUE VER CON LA MEMORIA

—Mamá, el abuelito no parece enfermo—le dije.

—Las personas con Alzheimer no parecen enfermas,
pero esta enfermedad les hace olvidar algunas cosas—
me contestó.

—¿Los niños también pueden enfermarse con Alzheimer,
como si fuera un resfriado?—preguntó Juana, mi hermana
menor.

—No—le respondió mamá—. Sólo la gente mayor puede
contraer Alzheimer.

LA HISTORIA DEL HELADO

El abuelito es mi mejor amigo. Desde que tiene esta enfermedad, a veces hace cosas raras. Un día olvidó cómo se iba al supermercado. A veces olvida mi nombre, aunque es igual al suyo. Y un día en que compramos un helado, el abuelito lo puso en el buzón y colocó las cartas en el congelador.

QUEREMOS SEGUIR JUGANDO CON EL ABUELITO...

Mamá nos dijo que el abuelito había ido al médico porque se olvidaba de las cosas. El médico, después de hacerle algunas pruebas, le explicó que el cerebro no le trabajaba como era debido. Este sábado Juana y yo estábamos muy nerviosos. Si estaba enfermo, ¿estaría siempre en cama? ¿Podría jugar con nosotros?

Mientras íbamos a su casa recordamos el primer día que el abuelito nos llevó de pesca y nos enseñó su truco especial:

—Si silbas—nos dijo—siempre pican.

Al principio no le creí, pero silbamos y funcionó: ¡Hasta mi hermana pescó uno! Y cuando regresamos a casa nos preparó pescado frito: ¡estaba buenísimo!

EL TRUCO ESPECIAL DEL ABUELITO

Cuando llegamos a casa del abuelito, una chica muy agradable nos abrió la puerta. Era su enfermera.

—Encantada de conocerlos—nos dijo—. Me llamo Helena.

—Hola, Helena—respondimos nosotros.

El abuelito tenía puestos su pijama y su bata, y parecía ser el mismo de siempre. Pero yo me fijé que también calzaba unas botas muy finas y relucientes.

Nos dio un gran abrazo a los dos.—¡Hola, amigos!—exclamó como siempre.

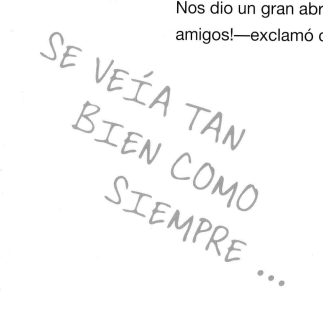

SE VEÍA TAN BIEN COMO SIEMPRE ...

¡EL ABUELITO JUGARÁ CON NOSOTROS!

Mamá le dio unas flores de nuestro jardín, Juana le enseñó
el dibujo que había hecho y yo le di algunas fotos mías
jugando a béisbol con mi equipo.

—Después podemos jugar a la pelota en el patio—me dijo
el abuelito—. Estoy seguro que estás más fiero que nunca.

PODEMOS HACER COSAS PARA AYUDAR A SU MEMORIA

Después de comer, el abuelito y yo jugamos a la pelota. Más tarde nos sentamos en el porche y Juana y yo le contamos cosas del colegio. Helena se nos acercó con algunos de los álbumes de fotos que habíamos llevado:

—¿Por qué no le echan una ojeada a éstos?—nos dijo—. Mirar fotos puede ayudar a la memoria del abuelo.

Vimos los álbumes juntos. Había muchas fotos nuestras con el abuelito en su casa.

—¡Qué foto tan buena!—dijo el abuelo—. ¿Cuándo la tomaron?

—Es una foto de mi cumpleaños—dijo Juana muy seria.

El abuelo parecía confundido.

COMPRENDER NO ES FÁCIL

Eso a Juana le pareció muy mal. Mamá nos dijo que fuésemos a dar una vuelta por el patio.

—El abuelito no recuerda nada—me dijo Juana—. ¿Cómo se puede olvidar de mi cumpleaños? ¿Ya no me quiere?

—El abuelito nos quiere igual que siempre—le contesté—, pero ahora está enfermo. Su cerebro no trabaja bien y no recuerda algunas cosas. Pero esto no significa que no nos quiera.

—Yo también lo quiero—me respondió.

¡QUIZÁS IREMOS A PESCAR DE NUEVO!

Volvimos a entrar. El abuelito aún estaba mirando el álbum de fotos. Entonces señaló una:

—¡Ésta es del día que fuimos a pescar!—afirmó.

—Perfecto, abuelito—le respondí. Parecía que mirar los álbumes había sido una buena idea—. Nos enseñaste a silbar para atrapar a los peces.

—Me gustaría volver a ir a pescar—dijo—. Quizá podríamos ir el próximo fin de semana.

Cuando llegó la hora de irnos, ni Juana ni yo queríamos dejarlo. Le dimos un abrazo muy fuerte. Y mamá también abrazó a Helena.

—Gracias por ayudar a papá—le dijo.

EL ABUELITO NECESITA NUESTRA AYUDA

Camino a casa, paramos a tomar
un helado.

—Me gustaría que las cosas
volviesen a ser como antes—dijo
Juana—. Me gustaría que el
abuelito no estuviese enfermo.

—A mí también me gustaría—le dijo
mamá—. Pero siempre podemos
recordar lo mucho que nos hemos
divertido juntos. Y lo podemos
ayudar de muchas formas.

Y NOS FUIMOS AL LAGO

A la semana siguiente llegamos muy temprano a casa del abuelito. Nos esperaba sonriendo y se había puesto su ropa de pesca. También llevaba una corbata roja y una bota era distinta de la otra, lo que era extraño, pero también nos hizo gracia.

Mamá se nos acercó y nos dijo muy bajito:

—No se preocupen. Si el abuelo se pone nervioso, lo ayudaremos.

Y nos fuimos a pescar.

TRATANDO DE RECORDAR

Cuando llegamos, el abuelito miró el agua, los árboles y las enormes nubes, y se quedó parado en silencio.

Mamá se le acercó y preguntó:

—¿Todo va bien?

El abuelito parecía triste.

—No recuerdo si he estado antes aquí—le dijo—. No recuerdo…

—Aquí no. Me parece que antes íbamos detrás de aquellos árboles—respondió mamá.

—Sí, debía ser ahí—musitó el abuelito.

¡SOMOS UN GRAN EQUIPO!

Nos sentamos en el muelle y empezamos
a pescar. Pasó bastante tiempo y no
pescamos nada. Entonces noté que el
abuelito sonreía. Luego me miró y me dijo:
—Quizás vengan si silbamos.
Mamá se puso muy contenta.
—¡Papá! ¡Te acordaste!
Entonces mamá se alejó un poco, pero
yo vi sus lágrimas.
Y todos empezamos a silbar. Silbamos
y silbamos …
¡Y los peces empezaron a picar!

Actividades

JUEGA AL JUEGO DE LA MEMORIA

¿Te has preguntado alguna vez cómo le dice el cerebro a tu cuerpo lo que tiene que hacer? En el cerebro hay miles de bolitas peludas, tan pequeñitas que sólo las puedes ver con un microscopio, llamadas neuronas. Éstas se pasan la información de unas a otras.

¿Qué información? Imagina que pones la mano sobre un radiador caliente. Tan pronto lo haces, los dedos envían un mensaje a las neuronas: ¡caliente! Y las neuronas te dicen que saques los dedos de allí con tanta rapidez que no te das ni cuenta.

Juguemos a un juego que enseña cómo funcionan las neuronas. Colócate formando un círculo con tus amigos o familiares. Cada uno en el círculo es como una neurona. Una de las personas escribe un mensaje en un papel (por ejemplo: "Cacarea como una gallina"), lo dobla y se lo pasa a la persona que tiene a su derecha, quien lo pasará a la de su derecha y así sucesivamente.

El mensaje pasará por el círculo hasta que la persona que lo ha escrito diga: "¡Basta! Quien tenga el papel debe leer el mensaje." La persona lo lee y obedece. Después de cacarear como una gallina, escribe un nuevo mensaje (¿qué te parece "Eres un perro y debes pedir comida"?) y lo entrega a la persona a su derecha.

Imagínate que ahora alguien abandona el círculo. ¿Se transmitiría el mensaje? No, no sería posible. Esto es lo que sucede cuando alguien tiene la enfermedad de Alzheimer: las neuronas no pueden transmitir mensajes al cerebro ni pueden recibirlo.

Aunque las personas con la enfermedad de Alzheimer no pueden hacer lo que hacían antes, hay muchas cosas que tú puedes hacer con ellas. En realidad, hacer cosas con otras personas ayuda a los enfermos de Alzheimer a ejercitar su cerebro.

Aquí hay diez formas de divertirte con una persona con Alzheimer:

1. Léanse, en voz alta, sus libros favoritos.
2. Vean quién es capaz de acabar más refranes como "A quién madruga ..."
3. Si tienes un animalito en casa, jueguen todos con él.
4. Canten canciones que todos conocen y bailen.
5. Miren fotos familiares y recuerden lo que pasó en ellas.
6. Entreténganse con distintos juegos de mesa.
7. Hablen de sus personajes de ficción favoritos.
8. Hagan rompecabezas.
9. Escriban un poema entre todos.
10. Abrácense.

EL LIBRO DE MEMORIA

Las personas con Alzheimer olvidan muchas cosas y por eso a menudo pueden hablar pero se niegan. Un libro de memoria puede ayudar a estas personas a recordar cosas importantes de sus vidas, como cuándo nacieron y quién forma parte de su familia. Esto hace que sientan más confianza al hablar con otras personas. Los libros de memoria también ayudan a los familiares y amigos, pues así evitan repetir siempre las mismas preguntas.

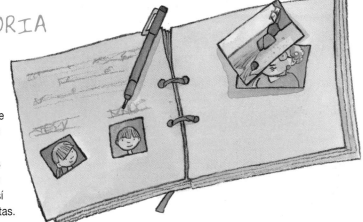

CÓMO HACER UN LIBRO DE MEMORIA

1. Con la ayuda de un adulto perfora unas cuantas hojas de papel.
2. Pasa una cinta por los agujeros para atar los papeles.
3. En cada hoja pega una hoja con un acontecimiento. Por ejemplo: "¿Cómo se llaman mis nietos?" Bajo la pregunta, escribe la respuesta. Si es posible, pega una foto para ayudarle a recordar. Por ejemplo, pega una foto de ti mismo.
Encuentra una foto de la ciudad en que nació la persona con Alzheimer y pégala en el libro. En lo alto de la página, escribe "¿Dónde nací?" Y debajo de la foto escribe sobre el pueblo o ciudad y sus habitantes.
En otra página escribe fechas importantes de la semana y del mes:
"¿Cuándo vienen mis nietos a visitarme?"
"Mis nietos vienen a visitarme todos los sábados por la tarde". Luego continúa con otra información útil.
4. Si la persona con Alzheimer está en silla de ruedas, pide a un adulto que te corte dos cintas de Velcro.
Pega una cinta al libro de memoria y la otra al brazo de la silla.

Guía para los padres

El objetivo de este libro es reconocer la presencia de personas con Alzheimer en las vidas de los niños y admitir algunas de las realidades de esta enfermedad con que los niños se pueden encontrar. La siguiente información se ha obtenido de la Biblioteca Nacional de Medicina de Estados Unidos, del Instituto Nacional de Salud y de la Asociación Alzheimer.

¿Qué es la enfermedad de Alzheimer?

La enfermedad de Alzheimer es la forma más habitual de demencia en personas mayores de 65 años. En dicha enfermedad, las células del cerebro encargadas del aprendizaje, del razonamiento y la memoria se obstruyen con masas enmarañadas de fibras proteínicas. Como resultado, Alzheimer es la cuarta causa de muerte, después de las enfermedades vasculares, el cáncer y los derrames cerebrales.

Signos y síntomas de las etapas iniciales

Los diez signos más habituales de la enfermedad son:

1. Pérdida de memoria. Una persona olvida cosas frecuentemente y, más tarde, no es capaz de recordar la información.

2. Dificultad a la hora de realizar las tareas domésticas. Las personas encuentran más difíciles aquellas tareas que requieren pensar, incluso aquéllas que antes hacían con facilidad. Por ejemplo, pueden olvidar los pasos a seguir para realizar una determinada comida o no recordar cómo tener al día sus talonarios bancarios.

3. Problemas de lenguaje. Olvidan o cambian palabras conocidas. Por ejemplo, pueden referirse a un peine como "aquello para la cabeza".

4. Desorientación. Las personas con Alzheimer pueden perderse en un lugar que conocen, pueden olvidar cómo han llegado allí o cómo regresar a casa.

5. Poco sentido común. Una persona puede vestirse de forma inadecuada respecto al tiempo que hace.

6. Problema con el pensamiento abstracto. Las personas tienen dificultad con tareas mentales complejas; por ejemplo, olvidan la manera de utilizar los números para resolver un problema.

7. Pérdida de cosas. Pueden colocar cosas en sitios inverosímiles, como un helado en el buzón.

8. Cambios en la disposición del ánimo y en el comportamiento. Estos cambios se producen sin motivo aparente y como vienen se van.

9. Cambios de personalidad. La personalidad puede cambiar de forma espectacular.

10. Pérdida de la iniciativa. Una persona puede perder interés en actividades que antes disfrutaba.

Signos y síntomas de etapas más avanzadas

En etapas más avanzadas, los pacientes tienen dificultades para escoger la ropa y vestirse. Pueden dejar de ser conscientes de quiénes son y son incapaces de preparar la comida o conducir. En las etapas finales el lenguaje se ve muy afectado y los pacientes tienen problemas para reconocer a sus familiares.

Cambios en el estilo de vida

La enfermedad de Alzheimer no tiene cura. Los objetivos del tratamiento consisten en asegurar el bienestar del paciente, minimizar su confusión y retrasar el avance de la enfermedad. Algunas de las cosas que los pacientes pueden hacer para ayudarse son pasear con regularidad con un cuidador y escuchar música relajante.

Tener un perro también puede ayudar, siempre que alguien se haga cargo de su cuidado. Es muy importante incluir a los pacientes en su propio tratamiento. Usted debe tratar de comprender cómo los afectados por esta enfermedad perciben el mundo y darles la oportunidad de expresar sus problemas.

Los niños y la enfermedad de Alzheimer

El contacto con una persona querida que tiene Alzheimer puede confundir y asustar a los niños. Es importante prestar atención a sus temores y darles una explicación adecuada antes de que ellos saquen sus propias conclusiones.

Si un niño es muy pequeño, no es necesario utilizar la palabra *Alzheimer*. Basta con decirle que esa persona está enferma, que tiene dificultad en recordar cosas y que, a veces, se puede confundir. Es importante explicarle que esa persona empeorará y que necesitará la ayuda de toda la familia. Si es posible, prepare a su niño para los cambios que verá en esa persona.

Los niños son propensos a tener emociones muy fuertes en esta situación. Hágales comprender que es aceptable tener tales sentimientos. Asegúreles que ese ser querido continúa amándolos y desea estar junto a ellos. Pídales aceptar el hecho de que esa persona pasará por episodios de cólera o tristeza y echará de menos su vida normal previa. Si las visitas se vuelven demasiados dolorosas para los niños, no los fuerce a hacerlas.

Algunas de las emociones que pueden tener los niños son:
• Temor de que sus padres o incluso ellos mismos padezcan de Alzheimer.
• Ansiedad, tristeza o miedo como respuesta al cambio de personalidad en la persona que aman.
• Frustración por tener que repetir o recordar al enfermo cosas muy básicas.
• Remordimientos por ser impacientes o por sentir enojo con aquella persona.
• Timidez cuando están con la persona enferma en público.
• Vergüenza si conviven con una persona con Alzheimer.

Si el niño experimenta alguna de estas emociones, es posible que no la revele objetivamente. El conflicto, sin embargo, quizás se exprese en cambios de conducta, dificultad con los deberes escolares y menor contacto con miembros de la familia. Si sucede esto, usted debe conversar con el niño y analizar sus sentimientos y comportamiento.

Esperamos que este libro pueda ayudar a las familias y a los niños a adaptarse a un ser querido que sufre de Alzheimer.

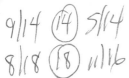

EL ABUELITO HA CAMBIADO

Primera edición para Estados Unidos y Canadá
publicada en 2009 por
Barron's Educational Series, Inc.

© Copyright 2009 de Gemser Publications S.L.
El Castell, 38; Teià (08329), Barcelona, España
(Derechos Mundiales)

Autora: Pam Pollack y Meg Belviso

Ilustraciones: Marta Fàbrega

Dirigir toda correspondencia a:
Barron's Educational Series, Inc.
250 Wireless Boulevard
Hauppauge, NY 11788
www.barronseduc.com

ISBN-13: 978-0-7641-4287-1
ISBN-10: 0-7641-4287-9

Número de control de la Biblioteca
del Congreso 2008938302

Impreso en China

9 8 7 6 5 4 3 2 1